A Crabtree Roots Book
Yon Liv Crabtree Rasin

Farm Animal Friends

Zannimo Pak Yo

GOATS
KABRIT

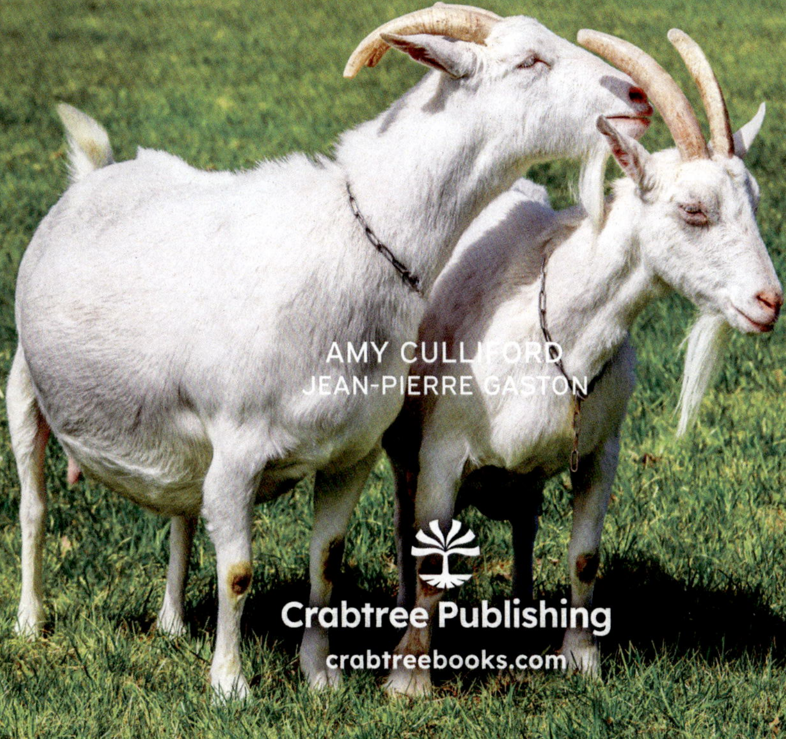

AMY CULLIFORD
JEAN-PIERRE GASTON

Crabtree Publishing
crabtreebooks.com

School-to-Home Support for Caregivers and Teachers

This book helps children grow by letting them practice reading. Here are a few guiding questions to help the reader with building his or her comprehension skills. Possible answers appear here in red.

Before Reading:

- What do I think this book is about?
  - *This book is about goats.*
  - *This book is about goats on farms.*

- What do I want to learn about this topic?
  - *I want to learn what goats eat.*
  - *I want to learn what colors a goat can be.*

During Reading:

- I wonder why...
  - *I wonder why goats like to eat hay.*
  - *I wonder why goats like to jump.*

- What have I learned so far?
  - *I have learned that goats can be different colors.*
  - *I have learned that some goats make milk.*

After Reading:

- What details did I learn about this topic?
  - *I have learned that goats can be white or brown.*
  - *I have learned that goats like to eat hay.*

- Read the book again and look for the vocabulary words.
  - *I see the word **hay** on page 8 and the word **milk** on page 10. The other vocabulary words are found on page 14.*

Sipò Lekòl A Kay Pou Moun Kap Bay Swen Ak Pwofesè Yo

Liv sa a ede timoun yo grandi lespri yo na kite yo pratike lekti. Men kèk kesyon kap ede lektè a bati konpreyansyon konpetan yo. Epons posib yo parèt an wouj.

Anvan Lekti:

- De kisa mwen panse liv sa ap pale?
  - *Liv sa a se sou kabrit.*
  - *Liv sa a se sou kabrit ki viv nan pak yo.*

- Kisa mwen vle aprann sou sijè sa?
  - *Mwen vle aprann ki sa kabrit manje.*
  - *Mwen vle aprann ki koulè yon kabrit ka ye.*

Pandan Lekti:

- Mwen mande poukisa...
  - *Mwen mande poukisa kabrit renmen manje zèb.*
  - *Mwen mande poukisa kabrit renmen sote.*

- Kisa mwen te aprann jiskaprezan?
  - *Mwen te aprann ke kabrit ka gen koulè diferan.*
  - *Mwen te aprann ke gen kabrit ki fè lèt.*

Aprè Lekti:

- Ki detay mwen te aprann sou sijè sa?
  - *Mwen te aprann ke kabrit ka koulè blan oswa mawon.*
  - *Mwen aprann ke kabrit renmen manje zèb.*

- Li liv la ankò epi chèche mo vokabilè yo.
  - *Mwen wè mo **zèb** nan paj 8 ak mo **lèt** nan paj 11. Lòt mo vokabilè yo wap jwen nan paj 14.*

This is a **goat**.

Sa se yon **kabrit**.

Some goats are white.

Gen kabrit ki blan.

Some goats are brown.

Gen kabrit ki mawon.

Goats like to eat **hay**.

Kabrit renmen manje **zèb**.

Some goats make **milk**.

Gen kabrit ki fè **lèt**.

All goats like to jump!

Tout kabrit renmen sote!

Word List

Sight Words

a
all
are
brown
eat
like
make
jump
is
some
this
to
white

Lis Pawòl

Mo timoun rekonèt lè yo fèk kòmanse li

a
blan
fè
manje
mawon
sa
se
sote
tout
yon

Words to Know

goat

hay

milk

Mo pouw Konnen

kabrit

lèt

zèb

26 Words

This is a **goat**.

Some goats are white.

Some goats are brown.

Goats like to eat **hay**.

Some goats make **milk**.

All goats like to jump!

25 mo

Sa se yon **kabrit**.

Gen kabrit ki blan.

Gen kabrit ki mawon.

Kabrit renmen manje **zèb**.

Gen kabrit ki fè **lèt**.

Tout kabrit renmen sote!

Farm Animal Friends

Zannimo Pak Yo

GOATS
KABRIT

Written by/Ekri pa: Amy Culliford
Designed by/Ki fèt pa: Rhea Wallace
Series development/Devlopman seri a pa: James Earley
Proofreader/Korektè: Kathy Middleton
Educational consultant/Konsiltan edikasyon: Christina Lemke M.Ed.
Translated by/Tradui pa: Jean-Pierre Gaston

Photographs/foto:
Shutterstock: fs24: cover (tl); Nataliia Melnychuk: cover (tr); oorka: cover (b); 2xSamara.com: p. 1; Khort Esther Tatiana: p. 3, 14; Anton Havelaar: p. 4; Gelphi: p. 7; Janis Petranis: p. 9, 14; DenysR: p. 10-11, 14; Grigorita Ko: p.13

Crabtree Publishing

crabtreebooks.com 800-387-7650

Published in Canada
Pibliye nan Kanada
Crabtree Publishing
616 Welland Ave.
St. Catharines, Ontario
L2M 5V6

Published in the United Stat
Pibliye Ozetazini
Crabtree Publishing
347 Fifth Avenue,
Suite 1402-145
New York, NY, 10016

Paperback 978-1-0398-5075-0
Ebook (pdf) 978-1-0398-5117-7
Epub 978-1-0398-5159-7

Printed in Canada/122023/CP20231124

Library and Archives Canada Cataloguing in Publication
Available at the Library and Archives Canada

Library of Congress Cataloging-in-Publication Data
Available at the Library of Congress